# LIBRO

## UNA AUTOBIOGRAFÍA

*A Caroline Royds, Alice Horrocks y Beth Aves*
*por el nutrimento editorial y el diseño;*
*a Neil Packer por su cuidado visual,*
*y a Eddie Burnett, que dejó el box por los libros.*

## loqueleo

LIBRO. UNA AUTOBIOGRAFÍA
Título original: *Book*
D.R. © del texto: John Agard, 2014
D.R. © de las ilustraciones: Neil Packer, 2014
Esta edición fue publicada con el permiso
de Walker Books Limited, Londres, SE11 5HJ.
*Published by arrangement with*
*Walker Books Limited, London SE11 5HJ.*
D.R. © de la traducción: Diana Luz Sánchez F., 2015

D.R. © Editorial Santillana, S.A. de C.V., 2016
Av. Río Mixcoac 274, piso 4
Col. Acacias, México, D.F., 03240

Primera edición: junio de 2016
ISBN: 978-607-01-2948-3

Impreso en México / *Printed in Mexico*

www.loqueleo.santillana.com

# LIBRO

## UNA AUTOBIOGRAFÍA

### JOHN AGARD

ILUSTRACIONES DE

## NEIL PACKER

loqueleo

# Índice

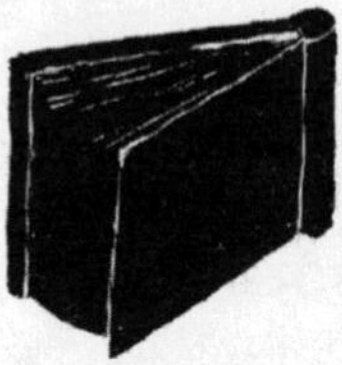

# ME LLAMO LIBRO

y voy a contarles

la historia

de mi vida.

Muy pronto me oirán hablar de tablillas de arcilla, del invento del alfabeto, del pergamino, de manuscritos que se iluminan, de bibliotecas y de otras cosas por el estilo. Aunque mi historia comenzó mucho tiempo atrás.

# Antes del libro,

## existió

## el aliento.

Junto al fuego, la gente entonaba canciones y narraba historias. Cantaba y bailaba al mismo tiempo para celebrar las estaciones. Y los viejos transmitían a los jóvenes las costumbres antiguas en forma verbal.

Gracias al poder de la memoria. Sí: la gente me guardaba en su cabeza y me contaba con sus labios.

La escritura aún no había nacido.

Si no conoces los árboles,
puedes perderte en el bosque;
pero si no conoces las historias,
puedes perderte en la vida.

**Anciano siberiano**

## El misterio del origen de la escritura

# Mucha gente piensa
### que la escritura se inició  hace

más de cinco mil años con los sumerios de la Antigua Mesopotamia, en el actual Irak.

Tal vez la inventó algún campesino sumerio que, por casualidad, estaba garabateando sobre la arcilla en las riberas de los ríos Tigris o Éufrates. Bueno, no precisamente garabateando, sino haciendo marcas en el barro para llevar la cuenta de su ganado y su cebada. O quizá alguna mujer sumeria estaba decorando sus ollas de barro y una cosa llevó a la otra. ¿Cómo saberlo?

También es posible que la escritura empezara unos cuantos cientos de años antes con los antiguos egipcios, o incluso antes, con la civilización de Harappa del valle del Indo, en el actual Pakistán.

Los arqueólogos han desenterrado miles de tablillas de arcilla con escritura de todos estos lugares antiguos, de modo que sigue siendo un misterio si apareció por primera vez en los sellos de Harappa, en las tumbas egipcias o en la cerámica sumeria.

Y sin la escritura, ¿qué sería de libro?

## Decirlo con barro

# Me gusta pensar
### que las tablillas de arcilla

fueron mis antecesoras. Sí, como sabrán, la tierra muy caliente es parte de mi árbol genealógico, porque las tablillas de arcilla no sólo se usaron para llevar registros de negocios, listas y cuentas. Sobre ellas, los sumerios también almacenaron secretos acerca de las estrellas, así como oraciones, himnos y poemas, y lo que se considera el relato más antiguo jamás escrito.

¿Y qué es lo que usaban como pluma? Una caña. A esta antigua forma de escritura se le llama *cuneiforme*, que significa "en forma de cuña", porque usaban un punzón de caña con una punta en forma de cuña para presionar la arcilla blanda.

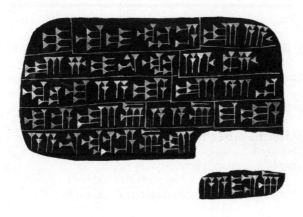

Suena complicado, ¿no? Intenten escribir sobre terrones de barro blandos y húmedos; después, deben dejar secar el barro al sol, o bien, hornearlo al fuego, y si se cuartea, ¡olvídense de su "papel"! Lo bueno es que a los sumerios nunca se les acababa el barro porque vivían en las riberas de dos grandes ríos.

Aquí, en este anaquel, siglos más tarde, a menudo me pregunto qué se sentiría ser una tablilla de barro guardada en un cántaro, con una historia o un poema escritos sobre mí, y luego ser desenterrado miles de años más tarde por algún arqueólogo que buscara entre las ruinas en algún desierto remoto. Sí, a ratos me gusta soñar despierto. Como a todos, ¿no?

Luego miro alrededor a mis amigos de pasta blanda o pasta dura, todos apretujados aquí en las repisas, y me digo: ¿qué caso tendría, Libro? Tus páginas de papel se pondrían todas amarillas y se quebrarían con el calor del desierto.

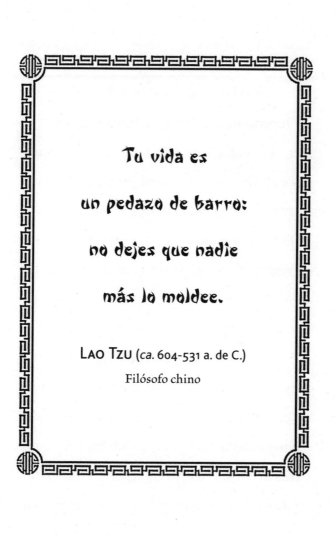

Tu vida es

un pedazo de barro:

no dejes que nadie

más lo moldee.

LAO TZU (*ca.* 604-531 a. de C.)

Filósofo chino

# Antes de la escritura,

**¿cómo hacía la gente para mandar**
mensajes entre sí a distancias largas? Bueno,
pues podían usar un tambor parlante, o incluso enviar un objeto o dos.

Esto, que podría parecer una buena idea,
en realidad resultaba riesgoso. En efecto, les
contaré sobre un momento de la historia en
que a la gente "se le cruzaron los cables".

Según se cuenta, cuando el rey Darío de
Persia invadió Escitia, un mensajero le llevó
un paquete de parte de los escitas. Dentro del
paquete había una rana, un ratón, un pájaro
y tres flechas. Darío lo interpretó como si los
escitas estuvieran dispuestos a entregar sus

tierras y rendirse como pájaros ante las flechas persas.

Pero él había tomado la flecha por el lado equivocado, ¿o quizá por la pata equivocada de la rana? Lo que los escitas en realidad le estaban diciendo a Darío era: "Mira, amigo, nosotros no vamos a entregar nuestra tierra. Así que, a menos que ustedes los persas se escondan como una rana en los pantanos, se mentan en su madriguera como un ratón o vuelen como un pájaro, mejor ni piensen en invadirnos, o nuestras flechas escitas los alcanzarán: de eso pueden estar seguros".

Imaginen todo el lío que implicaba atrapar una rana, un ratón, un pájaro, y ni así lograr que los persas captaran el mensaje. De seguro debía haber una mejor forma de comunicarse.

En el caso de los principiantes, por ejemplo, podrían enviar el dibujo de una rana. Al menos así no tendrían que cazar una de verdad.

Y eso fue lo que sucedió. Una vez que la gente empezó a mandar pinturas, se dio cuenta de que podían usarlas para representar todo tipo de cosas, no sólo objetos o mercancías, como la cebada o el ganado, sino también ideas.

Si el mensaje significaba "guerra", podían tallar una flecha o una lanza en una tablilla de arcilla y enviarla a sus enemigos.

Si el mensaje era para desearle larga vida a alguien, podían tallar una serpiente, puesto que, según una vieja creencia, las serpientes vivían eternamente porque siempre estaban cambiando su piel vieja por una nueva.

El dibujo de un pie podía representar la idea de un viaje. Así como la señal con el dibujo de un adulto y un niño, parte del lenguaje vial moderno, significa "tenga cuidado con los niños".

Ya fuera tallada sobre barro, corteza de árbol, marfil o hueso, la llegada de la escritura mediante dibujos o pictogramas fue un gran paso hacia el milagro del alfabeto y de su seguro servidor: el Libro.

## Las técnicas de escritura

**mediante dibujos siguieron vivas** en el antiguo sistema de escritura egipcio, al cual se le llamó jeroglífico. Este nombre extraño significa "escritura sagrada" porque fueron sobre todo los sacerdotes quienes tuvieron acceso a ella.

La escritura egipcia contaba con cerca de dos mil caracteres jeroglíficos, así que sin duda alguna estaban rodeados por el misterio, y a los arqueólogos les tomó años entenderlos.

Pero en la tierra de los faraones también vivía otro pueblo: los fenicios. Algunos de ellos eran soldados en el ejército egipcio y otros eran mineros que buscaban turquesas bajo el desierto.

Los fenicios tomaron algunos símbolos de los jeroglíficos egipcios, pero dieron un gran salto en la creación del alfabeto tal como lo conocemos ahora. Mientras los egipcios utilizaban dibujos para representar las cosas y las ideas, los fenicios los usaron para representar los sonidos reales del lenguaje hablado.

Estos fenicios tuvieron la sensación de haber descubierto algo que haría olas a través del tiempo y el espacio, y ese algo era el alfabeto. El abecé, para que me entiendan. Contar con un alfabeto significaba que la gente ya no tendría que recordar los miles de símbolos usados en los jeroglíficos y más personas tendrían la oportunidad de aprender a leer y a escribir.

Pronto, el alfabeto navegó por el mar Mediterráneo, porque los fenicios eran grandes marinos y comerciantes, y parte de su carga era un nuevo producto de exportación: **el abecedario.**

Por eso yo, Libro, quiero homenajear a los fenicios no sólo por el hermoso tinte púrpura que exportaban, conocido como púrpura fenicia, sino también por la fonética, que es el estudio de los sonidos del habla humana.

—Supongo que sabrás

**el abecé** —dijo la Reina Roja.

—Pues claro que sí —dijo Alicia.

—Yo también —le susurró la Reina Blanca al oído—. Lo repasaremos juntas a menudo, querida. Y te diré un secreto: yo sé leer palabras de una letra. ¿No es *eso* grandioso? Pero no te desanimes, que con el tiempo tú también lo lograrás.

*A través del espejo*

**LEWIS CARROLL (1832-1898)**
Escritor de libros para niños
y matemático inglés

## Y así
### despegó el abecé.

Pronto, los griegos crearon su propio alfabeto de veintidós letras: alfa, beta, gama, y así hasta omega. No tiene gran chiste adivinar de dónde vino la palabra *alfabeto*. Los griegos también añadieron sus propias vocales, pues el lenguaje fenicio sólo tenía consonantes.

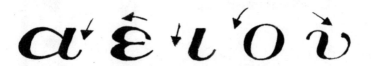

Debe haber sido curioso ser una pequeña letra en esos tiempos cuando gente muy distinta te tomaba y te adaptaba a su propia lengua. Alargándote aquí y curveándote allá según lo que necesitara. Incluso escribiéndote en todas direcciones: de derecha a izquierda, de izquierda a derecha, hacia abajo o hacia arriba. La página debe haberse sentido como un trampolín.

Y precisamente eso hicieron con las letras los diferentes pueblos antiguos —tanto los griegos, como los etruscos y los romanos—: las retorcieron para adaptarlas a su lenguaje.

Ahora, cuando escribimos en español, usamos letras que heredamos de los romanos, pero no debemos olvidar que esas letras son las bisnietas del alfabeto fenicio.

Y yo no debo de olvidar que cada vez que empiezo a hablar acerca de los alfabetos, puedo continuar con ese tema durante horas. Así que mejor déjenme preguntarles algo: ¿les gustan los mitos? ¿Les gustan las preguntas capciosas? Si es así, les preguntaré algo:

¿En qué se parecen
el dios egipcio Toth,
el dios griego Hermes,

el dios nórdico Odín
y el dios irlandés Ogma?

En que todos inventaron
algún tipo de alfabeto.

Para los sumerios, fue su diosa Nisaba
quien les transmitió el regalo de la antigua
escritura cuneiforme. En la India, la diosa
Sarasvati llevó el alfabeto a los indios, y en
su corazón hay un lugar especial para el
libro. Durante el festival que se realiza en

su honor, siempre me encontrarán junto a rosarios y flores de loto blancas frente al altar. Ese día se acostumbra que los niños pequeños escriban su primera letra, que es la primera letra del alfabeto sánscrito: om.

## Rock & Roll

### No me refiero

**a la música, aunque mi vida**

ha sido muy movida. El *rock* (roca) y *roll* (rollo) del título hacen referencia a mi pasado. Déjenme explicarles.

Lo llamo roca porque, siempre que veo dibujos en las paredes de las cuevas hechos por manos humanas hace más de treinta mil años, siento como si estuviera mirando ilustraciones en roca de una parte antigua de mí mismo.

En cuanto a mi pasado de rollo, lo digo por aquellos días en que me enrollaban. ¡Me hubieran visto! En esa época estaba hecho de papiro —una especie de papel— que enrollaban en varillas. Parecía una persiana o un rollo de papel tapiz. Me sostenían en una mano y, con la otra, tenían que desenrollarme para leerme. Incluso cuando medía varios metros de largo, tenían que dejarme en el suelo y desenrollarme mientras me leían.

Déjenme decirles que en esos tiempos me enrollé bastante. Por Europa, lo hice hasta la Edad Media. Y me enrollé todavía más tiempo en el mundo islámico, donde mis letras estaban adornadas con oro. Durante esa época conocí rollos que habían viajado hasta la remota Asia. Esto lo supe por su escritura china basada en signos que representaban ideas;

después me enteré de que eran textos budistas sagrados, hechos en corteza de abedul que, al igual que yo, debían ser desenrollados.

En esos días todavía no tenía lomo. Me encontraba ahí, sin columna vertebral, en mi casilla, con mi título escrito en una pequeña etiqueta de madera, y me enrollaban y guardaban en un estuche parecido a un tubo grueso y grande.

¿Cuál era el motivo de todos estos rollos? Fácil: no tenía páginas para que me hojearan. En esa época tomé la forma de rollos de pergamino, así que, para ser preciso, debí haber dicho mis días de enrollarme y desenrollarme.

En realidad, en estos tiempos de tanta tecnología, cuando ustedes me leen en la pantalla de cualquier dispositivo electrónico es como si viajaran en el tiempo y me leyeran durante mi época de rollo. Porque cuando me leen se desplazan hacia abajo o hacia arriba por mis contenidos, y es como si me desenrollaran y enrollaran cual pergamino. Qué curioso, ¿no creen?

## Mis aventuras como papiro

# Ahora permítanme

### contarles algo más sobre el papiro.

Gracias al cañizo que crece en las aguas pantanosas del río Nilo, me desprendí de mi antigua piel de barro y adopté una nueva apariencia y una nueva textura. Podrían llamarlo "mi periodo de papiro".

¿Saben? Los egipcios habían descubierto que uniendo tallos aplanados de la planta de papiro podían hacer una especie de papel.

Incluso antes de usarlo para escribir sobre él, los egipcios aprovecharon muy bien el papiro. Quizá no lo sepan, pero también lo bebían, lo comían, lo usaban para vestirse y hasta navegaban en él.

Después, todos los que escribían comenzaron a usar papiro para hacerlo, y así fui enrollándome por muchas tierras mediterráneas.

Los griegos llamaban al papiro *byblos* porque lo importaban de una ciudad-puerto llamada Byblos. Por eso es que a la persona que no puede resistir la tentación de entrar en una librería se le llama bibliófilo o, en casos extremos, bibliomaniaco.

El único problema del papiro era que no podía doblarse como el papel actual. De modo que, aunque me veía bonito, me rompía con mucha facilidad. Era casi tan quebradizo como las hojas muertas y, de no haber sido por el clima seco de Egipto, no habría sobrevivido.

Pero vaya que sobreviví.

Y debo decirles que viví algunas aventuras emocionantes como papiro. Mi favorita es cuando me ponían sellado en vasijas de tierra para acompañar a los muertos en su viaje por el inframundo. Lo juro. Yo, Libro, estuve junto a las momias en las tumbas egipcias y, créanmelo, no se podría pedir una mejor compañía para viajar al inframundo que una momia.

Por eso no es extraño que algunas personas piensen que los enterradores fueron los primeros comerciantes de libros.

Por cierto, ¿sabían que la palabra papel viene de la palabra *papyrus*? Pensé que ya se los había mencionado.

## Cómo entraron las ovejas en mi vida

# Todavía estaba

### enrollándome cuando,

de la nada, las ovejas entraron en mi vida.
Así es. Muy dentro de mí hay una parte que
todavía bala, especialmente cuando sueño
despierto con los días que ya se han ido, hace
más de dos mil años, cuando Tolomeo V,
faraón de Egipto, estaba muy orgulloso de su
biblioteca en Alejandría.

Según cuentan, cuando llegaron noticias de
que el rey Eumenes II de Pérgamo estaba com-
prando grandes cantidades de papiro y espe-
raba igualar la colección de Alejandría, que

constaba de más de medio millón de rollos, Tolomeo se negó a aceptarlo y ordenó que no se exportara más papiro de Egipto a Pérgamo, ciudad portuaria de Asia Menor.

Pero el rey de Pérgamo no iba a darse por vencido tan fácilmente. Dicen que la necesidad es la madre de todos los inventos, y Eumenes, a su vez, dio la orden de que encontraran algo que sustituyera el papiro. Así que, después de mucho pensarlo, a la gente de Pérgamo se le ocurrió una idea: usar piel de oveja sin restos de lana.

Y así lo hicieron. Ahora ya saben cómo fue que las ovejas se volvieron parte de mi árbol genealógico. La piel de oveja fue el nuevo papiro. Y este nuevo material de escritura, hecho con la piel de las ovejas de Pérgamo, se llamó pergamino.

Y en otros lugares también se usó con el mismo fin la piel de otros animales, como vacas y cabras. Incluso existe un tipo muy especial de pergamino llamado vitela, hecho con piel de becerro. No puedo evitar sentir pena por todos esos pobres animales. Para hacer una Biblia se requería la piel de al menos doscientos becerros, así que imagínense cuántos se necesitarían para toda una biblioteca.

Pero, para ser sincero, me gustaba cómo me veía en pergamino y vitela. No quisiera parecer presuntuoso, pero nunca se imaginarían lo mimado que estaba en esa época. Tras limar mis asperezas con una piedra pómez, la gente untaba mi piel con aceite de cedro para protegerme de la polilla.

= una Biblia

Por supuesto que el papiro siguió usándose, pero mi presentación en pergamino pronto ganó popularidad porque era mucho más resistente.

## Esparciendo la palabra
## con plumas

# Siglos más tarde,
## en los monasterios de Europa,

los monjes aún me copiaban en pergaminos utilizando una pluma de ganso para escribir, un cuerno de toro como tintero y un cortaplumas por si había que raspar algún error.

Por cierto, ¿qué les parecería ser un monje de la Edad Media y tener que arrancarle una pluma a un pájaro?

No me miren con sorpresa. En esos tiempos, la gente escribía con péndolas hechas con plumas de distintas aves. Las de cisne eran muy apreciadas por su calidad; las de pavo, por su fuerza, y las de cuervo, por tener una punta fina. Desde luego, nadie les preguntaba a los pájaros su opinión. Las más populares eran las plumas de ganso, y se siguieron usando hasta el siglo XIX, cuando se inventó la pluma fuente.

¿Sabían que cuando el poeta inglés Edmund Spenser murió en 1599, sus compañeros poetas lo despidieron arrojando plumas de ganso a su tumba en la abadía de Westminster?

¿Y recuerdan con qué escriben los magos en *Harry Potter*? Con plumas de ave.

En cuanto a la idea de regresar a la Edad Media y ser un monje copista, debo advertirles que en esa época uno no podía levantarse de pronto a comprar un frasco de tinta. Primero, había que recoger bellotas, unas bolitas pardas parecidas a las nueces que crecen en los robles, teniendo cuidado de no ser picado por las avispas de las bellotas. Luego, había que moler las bellotas y dejarlas remojando en un traste. Y ése era sólo el principio de un largo y complejo proceso antes de obtener el precioso líquido conocido como tinta.

Eso por no hablar de las horas con dolor de espalda, resultado del trabajo que debía realizarse para preparar el pergamino: otra complicada labor que implicaba remojar la piel de oveja o de ternera en agua con cal y luego tenderla a secar.

¿Decidieron pensarlo mejor antes de regresar a la Edad Media? ¡Lástima, porque allá vamos!

# Imaginen

## que están en la habitación

que los monjes llamaban *scriptorium*. Allí es donde pasaban devotas horas incluso en la oscuridad del invierno. No se permitía ninguna vela por miedo a que una preciosa página de pergamino o vitela se incendiara con la flama y el trabajo a mano de un escriba que había tardado años se perdiera en un momento.

Pero esas sombrías habitaciones de piedra se iluminaban con el brillo de mis páginas. Puede decirse que ésa fue mi época de oro en el verdadero sentido de la palabra, porque yo estaba en las habilidosas manos de los iluminadores.

¿Y quiénes eran esos iluminadores? Casi todos eran monjes que vivían en monasterios; pero también lo fueron algunas monjas de conventos y artistas profesionales.

¿Y, exactamente, qué hacían esos iluminadores? Me coloreaban con pinturas que brillaban gracias a los pigmentos obtenidos de jugos de plantas, y daban vida a mis páginas con el resplandor del oro y la plata. De este modo, las personas que no sabían leer ni escribir podían entender, a partir de las imágenes, el significado de las historias de la Biblia y las vidas de los santos.

Trabajaban durante horas en silencio hasta que mi pergamino empezaba a brillar y cada letra era una pincelada espiritual.

Esto continuó durante cientos de años. Entre las paredes de los monasterios se hicieron

**P**lacentero
es para mí
el resplandor
del sol de hoy
sobre estos
márgenes,
porque
¡destella tanto!

Nota al margen de un escriba
irlandés en un manuscrito
del siglo IX

obras de gran belleza iluminada; allí los monjes se inclinaban sobre mí con sus plumas de ave y me copiaban a mano, su tinta roja fluía por mis márgenes.

¿Les sorprendería saber que en esos días yo era considerado algo tan valioso que me guardaban bajo llave o incluso me encadenaban a un escritorio?

Pues así era. Ustedes no saben lo afortunados que son de sumergirse en mí libremente. Y de ir por ahí hojeando mis páginas una y otra vez. No puedo evitar imaginar lo que esos monjes y escribas habrían dicho sobre esto.

**S**I alguien roba este libro,
que se muera bien muerto.
**Q**ue lo fríen en una sartén.
**Q**ue la enfermedad y la fiebre
se apoderen de él.

Que sus huesos sean rotos en la
rueca de despedazar y sea colgado.
∞ Amén

Inscripción en una Biblia del siglo XII

# Los recuerdos

### de haber sido escrito a mano

regresan a mí siempre que oigo la palabra manuscrito. ¿Saben por qué al trabajo de un escritor se le llama manuscrito aunque haya sido escrito en computadora? Porque, en la lengua latina de los romanos, "a mano" se dice *manu*, y *scribo* significa "yo escribo".

¿Y por qué creen que a veces me llaman volumen? Porque los romanos me enrollaban y desenrollaban, y en latín *volvere* significa... ¡Sí, adivinaron! "Enrollar" o "dar vueltas".

¡Qué extrañas criaturas son las palabras, la forma en que germinan como semillas!

Ahora me gustaría contarles algo que los romanos hicieron para cambiar mi forma por siempre. Debe de haber sido muy desconcertante para ellos leerme y enrollarme al mismo tiempo. Así que, en vez de pegar los extremos de mi pergamino unos con otros y enrollarme, empezaron a doblarme y a unir mis rollos con tiras de cuero o cuerdas de madera. Entonces me llamaron códice, derivado de su palabra latina *caudex*, que significa "tronco de árbol".

Con mi lomo de madera, me volví práctico y más fácil de transportar. La gente ya no tenía que enrollarme. Podía pasar mis páginas hacia adelante o hacia atrás hasta llegar a la que estaba buscando. Además, comenzó a escribirse sobre los dos lados de la página y no sólo en un lado, como en mi época de papiro.

No puedo decirles lo emocionante que fue para mí darme cuenta de que podía pararme derechito; tenía casi la misma forma rectangular en que me ven actualmente en las vitrinas de las librerías o en el anaquel de alguna biblioteca.

Así es: sigo manteniendo mi forma erguida de códice. Y, ¿saben qué?, la gente sigue pasando mis hojas cuando quiere encontrar algún fragmento que le gusta o un poema. Tal vez piensen que las personas deberían echar primero un vistazo al índice, pero no: hay algo en los dedos humanos que les impide resistirse a darme una buena hojeada.

Y debo admitir, aunque nunca le he dicho esto a nadie, que cuando siento que alguien hojea mis páginas, un hormigueo de emoción recorre mi espalda. "¿Está a punto de leerme esta persona?", pienso. "¿O sólo me hojea y echa un vistazo a mi contenido?".

## Por si no lo habían notado,
### tengo debilidad por la letra

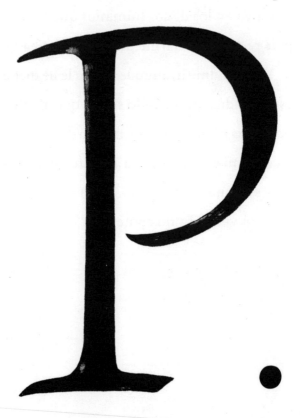

Pero no me malinterpreten: me gustan las veintisiete letras del alfabeto. Sin ellas, ¿cómo podrían los escritores poner en mí esos largos enunciados? Sin embargo, no me avergüenza confesar que tengo especial preferencia por la p, una letra que me recuerda grandes momentos de mi historia:

Papiro

Pergamino

Papel

Pasta dura

Pasta blanda

Prensa para imprimir

Página

Publicar

¿Ahora me entienden? Por cierto, lo anterior fue un pequeño poema que traté de escribir. Pensé que era buena idea intentarlo.

Ahora les platicaré sobre uno de mis grandes momentos: el surgimiento del papel. No es que el papiro y el pergamino no fueran una especie de papel, pero me refiero al papel de verdad, como el material que están sosteniendo ahora.

¿Quién inventó el papel? ¿A quién se le ocurrió hacerlo de fibras de planta y trapos viejos? Si se presentara la oportunidad, me gustaría darle las gracias personalmente a quien lo hizo: un consejero imperial chino llamado Cai Lun.

Si pudiera hojear mis páginas ahora, Cai Lun estaría muy orgulloso de lo que le dio al mundo. Aunque tal vez dio es una palabra demasiado fuerte, porque él no necesariamente dijo: "Oye, mundo, acabo de inventar el papel. Aquí está la receta". No fue así.

Según cuenta la historia, un día llegó con la idea de machacar bambú y corteza de morera hasta obtener una pulpa. Luego la mezcló con agua, la estiró con un trapo y la dejó secar al sol. Y, ¡listo!, a partir de esa blanda mezcolanza elaborada por Cai Lun nació el papel. Eso fue hace casi dos mil años. El secreto del papel permaneció en manos de los chinos durante cientos de años; escribían en él, hacían papalotes e incluso lo usaban como papel de baño. Eso fue hasta que, un día, los árabes descubrieron el secreto y lo llevaron a un lugar llamado Samarcanda y después a España, en el siglo XII.

Pronto hubo fábricas de papel por toda Europa.

Para entonces, en América, los aztecas, también estaban haciendo papel con fibras de maguey. Y en la India, a cambio de caballos árabes y camellos, los sultanes de Cachemira ofrecían fino papel de esa zona hecho de lino y trapos de cáñamo.

No hace falta decir que yo estaba encantado con este progreso, aunque algunas personas seguían pensando que me veía mejor en pergamino y vitela. Pero no se le puede dar gusto a todo el mundo, ¿verdad? Además, resultaba más caro, así que por mí el papel está bien. De hecho, me sentí muy feliz al ver mis palabras impresas sobre aquella superficie de papel. Y en voz baja me dije: "Gracias a todas ustedes, plantas".

Hablando de plantas, si les digo que estoy relacionado con el árbol del haya, tal vez piensen que estoy bromeando. Pero fíjense que hubo un tiempo en el que se usaron

a) Lino (*Linum usitatissimum*)

b) Bambú (*Dendrocalamus asper*)

c) Algodón (*Gossypium hirsutum*)

d) Papel de morera
   (*Broussonetia papyrifera*)

e) Plátano (*Musa acuminata*)

f) Cáñamo (*Cannabis sativa*)

g) Maguey (*Agave sisalana*)

tiras de haya para escribir en ellas, de modo que la palabra *boc* del inglés antiguo (antecedente de *book*) significa tanto "haya" como "libro".

Y dado que el papel proviene de las plantas, podría decirse que éstas, como el barro con el que alguna vez me elaboraron, son parte de mi linaje.

De hecho, quiero que sepan que también me han fabricado con hojas de palma en la India, con hojas de morera en Japón y con hojas de plátano en Filipinas. ¿Y acaso no llaman hojas a mis páginas? ¿No hablan de hojear mis páginas? Y entre los nativos americanos, a mí, el Libro, ¿no me conocían como las Hojas Parlantes?

Muchas veces vi a mi amo y a Dick ocupados leyendo, y sentí una gran curiosidad por hablar con los libros, como creía que ellos lo hacían, para aprender cómo todas las cosas tuvieron un principio. Con ese propósito, muchas veces he tomado un libro y le he hablado, y luego he acercado mis oídos a él cuando estoy solo, con la esperanza de que pueda responderme, y me he quedado muy afligido al descubrir que permanece en silencio.

El interesante relato de la vida de Olaudah Equiano, o Gustavus Vassa, el Africano

## Olaudah Equiano (*ca.* 1745-1797)

Secuestrado cuando tenía once años y
convertido en esclavo, Equiano aprendió
a leer y escribir, además publicó por su
cuenta su autobiografía en 1789.
Su libro se agotó rápidamente y fue
reimpreso varias veces, mientras Equiano
viajaba por Gran Bretaña, prestando
su voz al movimiento para terminar
con la esclavitud.

## Los tipos móviles de Gutenberg

# Me encontraba

### en los cuernos de la luna

con la llegada del papel, pero me esperaban noticias todavía más emocionantes. Había algo monumental en el aire. Algo que me cambiaría para siempre.

En Corea ya había ocurrido. Ahí ya usaban los que ahora se conocen como tipos móviles para imprimirme. De hecho, éste fue un invento que tomaron de los chinos, a quienes, como recordarán, también se les ocurrió la idea del papel. (¡Benditos sean!)

Luego, en el siglo XV, llegaron noticias de Alemania acerca de un orfebre llamado Johannes Gutenberg que había encontrado una forma de imprimir letras sobre una hoja de papel de manera mucho más rápida que copiándolas a mano: usando tipos de metal.

Y no sólo eso, Gutenberg aseguraba que incluso podía reacomodar y reutilizar esas mismas letras para formar nuevas oraciones.

Creo que ésa fue la primera vez que alguien en Europa oía hablar de la impresión. Parecía demasiado bello para ser cierto, pero estaba ocurriendo de verdad. Y yo, Libro, estaba volando en las alas de los tipos móviles de Gutenberg.

Rompamos el sello que resguarda las cosas sagradas y démosle alas a la Verdad para que pueda ganarse todas las almas que llegan al mundo, haciendo que su palabra nunca más se escriba a un costo muy alto por manos que fácilmente se paralizan; sino que sea multiplicada como el viento por una máquina incansable.

**JOHANNES GUTENBERG**
(*ca.* 1400-1468)
Impresor e inventor alemán .
de la imprenta occidental
de tipos móviles

Ahora podía verme en la imprenta multiplicado

por cien,

p o r  m i l,

p o r  u n  m i l l ó n.

Como empezaron a producirme en mayores cantidades, yo, Libro, me estaba volviendo más barato, lo cual significaba que cada vez más personas podrían comprarme y leerme. Ya no tenía que pertenecer solamente a los ricos o, lo que era casi igual, a los monjes y monjas escribas. Ahora podía entrar en la mente y la imaginación de la gente pobre, que por fin aprendía a leer y escribir.

*No hay Fragata como un Libro*

*para viajar a Tierras lejanas,*

*ni Corcel como una Página*

*de espumante Poesía.*

*El más pobre puede hacer la Travesía*

*sin el apremio del Peaje;*

*¡cuán frugal es el Carruaje*

*donde viaja el Alma Humana!*

**EMILY DICKINSON** (1830-1886)
Poetisa estadounidense

Como me volví mucho más barato y fácil de llevar a todas partes, empecé a esparcir las ideas más allá de las fronteras. Yo, Libro, me convertí en un puente portátil en el tiempo y el espacio, en un faro que alumbraba el mar del tiempo, ofreciendo la luz de mis páginas dondequiera que existiera sed de la palabra escrita.

Y ahí les va otro dato interesante: después de que se inventó la imprenta, el precio de los anteojos para leer bajó porque había más gente que leía.

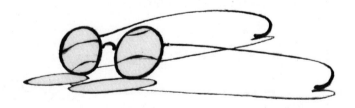

En la actualidad pueden encontrar la palabra impresa por todas partes: en anuncios, en carteles, en los titulares de los periódicos que ven con el rabillo del ojo y en los volantes publicitarios que les dejan en su buzón.

Gracias a la imprenta, miles de lectores pueden tener un ejemplar de mí. No quisiera hacer enojar a ningún científico, pero podría decirse que el libro impreso fue el primer clon positivo del mundo.

Desde luego, había algunas personas que aún sospechaban de mí y consideraban la imprenta como obra del diablo. Pero, ¿acaso me quejaba? Para nada. La imprenta puso al libro en la vanguardia del cambio.

La hambruna de libros llegará a su fin. Todas las naciones podrán adquirir libros a bajo costo.

¡Qué gloria para nuestro Imperio, y qué oraciones se harán por su perpetuidad cuando vean tantos buenos libros que les comunican el conocimiento, del cual habían sido privados hasta entonces!

*Este motivo, por sí solo, debería*
*bastarle a nuestro invencible*
*emperador para proteger y permitir*
*el establecimiento de la imprenta.*

IBRAHIM MUTEFERRIKA (*ca.* 1674-1745)
Estudioso y diplomático húngaro del Imperio
otomano, quien introdujo la imprenta
en Turquía.

## La edad de oro de la imprenta

**Mirando hacia atrás**

**puedo entender por qué al siglo XIX,**

la era de la energía de vapor, también se le llamó la era dorada de la imprenta. Porque fue el vapor el que movió la nueva imprenta inventada en 1814 por Friedrich Koenig, un alemán como Gutenberg.

La prensa de Gutenberg tenía más de tres siglos de existencia cuando Koenig encontró la forma de usar el vapor, en lugar de las manos, para operar una prensa. De esta manera los libros podían imprimirse mucho más rápido, lo que significaba buenas noticias para la palabra impresa y, desde luego, para mí.

Me estaban produciendo a tal velocidad que apenas lograba seguir mi propio ritmo y el de los otros cambios que ocurrían a mi alrededor.

Los periódicos florecían por todas partes porque la prensa de vapor permitió que fuera más rápido y barato imprimirlos. Y cada vez había más gente aprendiendo a leer y a escribir: se avizoraba un futuro brillante.

Pero todavía vendrían muchos cambios.

Hacia mediados del siglo XIX, cuando ya me había acostumbrado a ser producido en masa en la prensa de vapor, me encontré siendo impreso en rotativas a una velocidad mucho mayor. Después me enteré de que Richard Hoe, un inventor estadounidense, era el responsable de este nuevo avance. La impresión en rotativa, como se le llamó, era lo más parecido a un viaje en la montaña rusa. Por suerte, eso no era nuevo para mí, pues ya había tenido mis días de rollo durante mi época de papiro. Aunque la rotativa llevó los rollos a un nuevo nivel. Les ahorraré los detalles técnicos, pero sí diré que recuerdo haber estado en cilindros con forma de grandes tambores y girando entre rollos de tinta que eran alimentados por lo que parecía una corriente interminable de papel enrollado.

¡Qué emocionante era ver mis páginas impresas salir de la rotativa a gran velocidad! No pude evitar acordarme de Bi Sheng, el vendedor chino al que se le ocurrió por primera vez la idea de los tipos móviles. Si bien sus piezas de barro y porcelana fueron sustituidas por otras de metal, su idea de los tipos

móviles seguía viva y coleando en las prensas
inventadas mil años después.

## Pronto, las imprentas
### surgieron por toda Europa.

En el aire había ideas nuevas y movimientos nuevos; yo, Libro, estaba llegando hasta aquellos que, por generaciones, seguían cautivos de los viejos sistemas de creencias políticas y religiosas.

De seguro han oído hablar de la Reforma, un movimiento que se inició en el siglo XVI para transformar la vieja Iglesia Católica Romana, que había tenido mucho poder durante siglos. Bueno, pues para mí no fue ninguna sorpresa que empezara en Alemania, cuna de la primera imprenta. Incluso podría decirse que la Reforma fue hija de la imprenta, y que la imprenta fue el hada madrina del libro.

Hacia principios del siglo XVII, yo, Libro, estaba ocupado haciendo algo más, abriendo nuevos continentes a la imaginación e impulsando un Renacimiento: el del interés por las culturas antiguas.

Simplemente mirando en mi interior los viejos dibujos y los textos de las épocas griegas y romanas, los artistas, científicos, arquitectos, filósofos, poetas y novelistas de entonces encontraron ideas e inspiración.

Ése fue el comienzo de lo que se llamó la Ilustración y, la verdad, nunca habría sucedido sin su servidor. ¿Saben? Me gusta pensar que fui yo quien ilustró la Ilustración. Me entienden, ¿cierto?

O ¿de qué otra manera los científicos se habrían enterado de todas las ideas y todos los descubrimientos que los llevaron a inventar nuevas máquinas asombrosas a mediados del siglo XVIII?

El mayor descubrimiento de la Revolución industrial fue el uso del vapor como

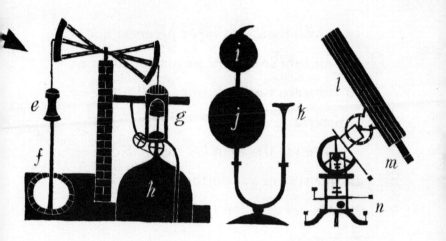

fuente de energía. Y, créanme, yo, Libro, estuve allí.

¡Cómo me acuerdo de aquel día de 1825 en que se inauguró el primer ferrocarril de vapor! ¡Ah!, la emoción de sentarme en el regazo de un pasajero y sentir cómo pasaba mis páginas, y el orgullo recorriendo mi lomo cuando el motor de vapor permitió que la locomotora se abriera paso resoplando en su trayecto por los campos del norte de Inglaterra.

¿Adónde llevaban los rieles? No lo sé. Lo que sí sé es que dejábamos atrás carros jalados por caballos. La locomotora estaba en marcha.

Y el libro también.

## Un jardín de bolsillo

### Cien años después
#### fui testigo de otros cambios

tanto en mí como en mi entorno, incluyendo una guerra mundial que trajo grandes sufrimientos a millones de personas. Sin embargo, los siglos parecieron transcurrir en un abrir y cerrar de ojos o, más bien, en lo que tardamos en dar la vuelta a una página.

Es como si un día me hubieran enrollado y desenrollado, y luego, repentinamente, tuviera lomo y una pasta dura, de cartón o de piel. Por no mencionar mis forros, con todo y solapas. Sí las conocen, ¿verdad?

Y es en mis forros donde pueden leer información acerca de mi contenido. Ésta se encuentra en la contraportada. El término en inglés para la contraportada es *blurb*. Se dice que fue inventado por el escritor estadounidense Gelett Burgess, quien, en una reunión de vendedores de libros en 1907, promovió su obra más reciente con una portada especial. Ésta tenía el retrato de una mujer sonriente llamada Belinda Blurb, quien decía cosas agradables sobre su libro. La idea se popularizó, y por eso es que, hasta la fecha, la contraportada de mis forros dice cosas positivas sobre mi contenido. (Y un par de frases agradables sobre el escritor tampoco salen sobrando.)

Años después, con otra guerra mundial en puerta, empecé a temer por el futuro. Pensé: "¡No más guerras! ¡No más gente gritando, agobiada por nubarrones de aflicción!".

¿Y qué pasaría con los libros? Había escuchado acerca de la escasez de papel y de las bombas que caían sobre las bodegas donde estaban almacenados millones como yo.

Pero antes de eso tuve que experimentar otro cambio más. Algo les pasó a las costuras y las grapas de mi encuadernación. "¡Qué extraño!", pensé. Porque, ¿no les sorprendería si estuvieran acostumbrados a estar encuadernados en pasta dura y de repente tuvieran pasta blanda?

Ahora me encuadernaban con pegamento, y mi pasta blanda facilitaba que me llevaran en un bolsillo o me guardaran en una bolsa de mano. Hoy me encontrarán tanto en casa como en algún exhibidor giratorio en una estación de trenes o en algún aeropuerto. Pero a finales de los años treinta del siglo pasado, apenas me estaba acostumbrando a la sensación de las pastas blandas, y en Estados Unidos, Alemania e Inglaterra, la gente empezaba a experimentar la lectura de las ediciones de bolsillo.

Y cuando llegó la Segunda Guerra Mundial, en medio de toda la desesperanza, la intranquilidad y la tristeza, más de un soldado me guardó en el bolsillo de su camisa, y me convertí en su compañero en esa terrible travesía. Yo, Libro, fui testigo, en sus manos, de su hora final.

Pero no debería de hablarles sólo de los malos tiempos. Déjenme decirles lo complacido que estaba de ser un libro de bolsillo. No es que mi presentación en pasta dura fuera a desaparecer, pero mi presentación de bolsillo se volvió popular entre los editores de todo el

mundo y también entre los lectores, que cada vez eran más numerosos.

La gente me llevaba a todos lados en trenes y en camiones. Me guardaban en sus canastas para el día de campo. Incluso a veces los acompañé hasta la tina. Sí, he experimentado el rocío de las burbujas sobre mi cuerpo de pasta blanda.

Yo, Libro, ya había recorrido un largo camino desde que estuve encadenado a un escritorio. Y me sentí muy bien al ser transportable. No sólo era un portador de la imaginación que influía en el mundo de las ideas, también podía viajar por todos los continentes en una bolsa o en un portafolios.

¿Acaso no conocen aquel proverbio que me compara con un jardín de bolsillo? Me gusta cómo se oye eso.

## La casa de la memoria

# Pero ¿qué pasaba

## con la gente que quería leerme,

pero no podía comprarme? Pues, como saben, había, y todavía hay, un lugar donde pueden pedirme prestado gratis y llevarme a casa. Claro que si se quedan conmigo más tiempo del acordado, tienen que pagar una multa.

A ese lugar los sumerios lo llamaban "la casa de la memoria"; los egipcios, "el lugar sanador del alma", y los tibetanos, "un océano de gemas". Me refiero, por supuesto, a la biblioteca. Hasta donde puedo recordar, siempre hubo bibliotecas. Crecieron a medida que se desarrolló la escritura.

Hace muchos siglos, los bibliotecarios eran llamados "guardianes de las tablillas", y las bibliotecas, "casa de las tablillas". Eso me lleva de vuelta a los días de la escritura en barro. En esa época conocí a un rey asirio coleccionista de tablillas; era tan dedicado que incluso tenía su propia biblioteca con un horno de barro para cocerlas. ¡Salían calientitas de la prensa!

He conocido diferentes bibliotecas. Durante mi época de rollo estuve en la biblioteca de los palacios de los faraones egipcios en Alejandría.

También conocí las bibliotecas de las termas romanas. Entonces me hallaba en mi

forma de códice encuadernado con madera y podía ser sostenido con una mano. Puedo asegurarles que esos romanos sí que sabían combinar la hora del baño con la lectura.

Incluso estuve en bibliotecas de los templos indios, como escritos muy preciados en hojas de palma, y hasta en bibliotecas de hueso. Leyeron bien: bibliotecas de hueso. Pero eso fue cuando estuve en China, donde la gente escribía sobre huesos de buey y caparazones de tortuga.

Uno de los momentos más memorables lo viví en Tombuctú, ahí conocí a los nómadas tuareg y, como ellos, viajé en lomo de camello. Lo que más recuerdo de esa ciudad subsahariana es su antigua biblioteca del desierto y la imagen de los eruditos universitarios besando frágiles manuscritos en caligrafía arábiga trazada con oro.

Ahora que empezamos a hablar de las bibliotecas, déjenme platicarles de la vez que estuve a punto de ahogarme. ¿Que si sé nadar? ¡Vaya pregunta! Hubo una vez que estuve en una biblioteca flotante, viajando por un río de Asia; en el Ganges, para ser exactos. Esto sucedió durante la larga estación del monzón, cuando me dirigía hacia un pueblo remoto. Como las lluvias habían impedido que la gente fuera a la biblioteca, la biblioteca se acercó a ellos.

De pronto, me encontraba en el agua. Si hubiera estado hecho de papiro, como en los

viejos tiempos, podría haber tenido oportunidad de sobrevivir. ¿Acaso no recuerdan que el pequeño Moisés flotó por el Nilo en una canasta hecha con juncos de papiro? Al menos eso he escuchado. Pero ahí estaba yo, impreso y encuadernado en pasta dura, un volumen muy pesado, y pensé: "ahora te irás hasta el fondo del río, Libro. Empieza a rezar". Llevaba mi cubierta laminada, pero de todos modos, tras flotar un poco, y no exactamente nadando con el estilo de pecho, estaba a punto de hundirme.

Por fortuna, la diosa del conocimiento, la propia Sarasvati, debe haber estado vigilándome. Porque, muy a tiempo, la mano de algún bibliotecario me sacó del agua y me secó amorosamente, página por página.

Y así fue como yo, un Libro sobreviviente, viví para contar la historia del agua tal como un día viviría para contar otra: aquella de cuando sobreviví a las llamas.

Siempre

imaginé que

el Paraíso sería

algún tipo de biblioteca.

**JORGE LUIS BORGES** (1899-1986)
Poeta y ensayista argentino

# Aunque en Roma

### había bibliotecas desde el siglo I

de nuestra era, fue hasta mediados del siglo XIX cuando éstas se abrieron al público general de manera gratuita. Porque antes pertenecían a casas reales, monasterios, catedrales y universidades.

En nuestros días, para tener acceso a ellas, sólo se necesita un objeto "mágico" llamado credencial de la biblioteca. En la actualidad, las bibliotecas han dejado de ser un lugar reservado para los poderosos.

Ahora, desde mi estante, escucho a los narradores contando historias y a los novelistas y poetas leyendo en voz alta algún fragmento de su obra y diciendo qué los inspiró a escribirme. Veo a los ilustradores dibujando frente a los niños sentados en cojines que vienen de alguna escuela. Incluso oigo a los niños participando y aplaudiendo hasta el grado de sentir como si mis propias páginas aplaudieran.

Pero todavía recuerdo los días en que, afuera de las bibliotecas, había anuncios que decían:

# PROHIBIDA
# LA ENTRADA
# A NIÑOS Y PERROS.

¡Cómo cambian los tiempos!

Ahora las bibliotecas son para todos, y lo que me alegra más el día es darles placer a los ancianos que vienen a leer un poco o sólo para protegerse del frío y tener algo de compañía. Los griegos antiguos sabían de qué hablaban cuando llamaron a la biblioteca "el botiquín para el alma".

Es cierto que ahora es un poco diferente, porque desde mi estante puedo ver montones de DVD y pantallas de computadoras mirándome. A veces siento ganas de preguntarles: "¿Qué tanto miran?". Pero me contengo. No debo ser grosero, aunque me siento un poco decepcionado cuando alguien me regresa al montón de libros porque decidió cambiarme por un DVD.

Pero no importa. Soy paciente y sé que un día una mano me tomará y me llevará al

*Por mi propia experiencia, hace tiempo llegué a la conclusión de que no había un mejor uso —ni más productivo— para el dinero destinado a los niños y las niñas que tienen corazones bondadosos, así como capacidad y ambición para desarrollarlos, que fundar una biblioteca pública.* ∞

**ANDREW CARNEGIE (1835-1919)**
Industrial estadounidense-escocés
que utilizó su dinero para fundar
más de dos mil quinientas bibliotecas
gratuitas en todo el mundo.

mostrador para que me pongan el sello de préstamo. Registrarán mi salida y después, espero, me devolverán.

Cuando los políticos hablan de cerrar una biblioteca para ahorrar dinero, siento ganas de darles un golpe en la cabeza con todas mis páginas. ¡Y vaya que mi lomo puede dar un buen golpazo!

¡Ah, bibliotecas! ¿Dónde estaría yo sin ellas? Y ya que he dicho esto, ¿dónde estarían ellas sin mí? Ellas son mi huerto y yo soy su fruto.

### En este lugar

Entré en un huerto
donde las frutas pueden comerse
y luego devolverse al árbol.

Me senté en un jardín
donde las flores podían cortarse
sin dañar los tallos.

Fui a una casa
que estaba vacía de gente,
pero poblada de muchas voces.

Estuve en un cuarto
que no tenía una gran vista
y, sin embargo, se desplegaban
horizontes ante mí.

En este lugar me perdí a mí mismo
en la antigua memoria
y, sin embargo, me reencontré,
renovado.

¿Dónde estaba? En una biblioteca.

**JOHN AGARD** (1949 -)
Poeta guyanés-británico

## Un relato de llamas

# Ya les mencioné

### que sobreviví para contarles

una historia relacionada con las llamas. Y aunque esta parte de mi vida tal vez les parezca un poco perturbadora, de todos modos la contaré. Ya conocen la frase: quien olvida su historia está condenado a repetirla.

Déjenme regresarlos en el tiempo hace más de dos mil años, a la antigua China, el lugar donde nacieron el papel y la imprenta. Allí me quemaban junto a eruditos que eran enterrados a mi lado.

El hombre que dio la orden fue el mismo emperador que construyó la famosa muralla que se extiende a lo largo de más de ocho mil kilómetros en la frontera china. Él no entendía que la imaginación no tiene límites y que, mientras estaba construyendo una gran muralla, el libro tendía grandes puentes entre una mente y otra.

¿Y no les parece paradójico que yo también haya sido quemado por gente a la que, por su fe religiosa, se le llamó "la Gente del Libro"?

Créanme, he sido destruido por manos que se consideraban a sí mismas sagradas. Me arrojaron a las llamas, de la misma manera en que, más tarde, arrojaron a mujeres a quienes consideraban brujas porque su sabiduría era mayor que la de ellos.

¿Acaso en el siglo XVI no fui quemado por sacerdotes españoles en la península de Yucatán, en América? Ellos no entendían los pictogramas mayas, y juzgaban peligroso todo lo que no comprendían.

Durante la Segunda Guerra Mundial también fui quemado por los nazis en Alemania, el mismo lugar donde nacieron los tipos móviles de Gutenberg.

> *En cualquier lugar donde quemen libros, al final acabarán quemando seres humanos.*
>
> **HEINRICH HEINE** (1797-1856)
> Poeta alemán de origen judío

También fui quemado junto con otro millón más cuando los soldados serbios prendieron fuego a la Biblioteca Nacional de Sarajevo en 1992, y le disparaban a cualquiera que tratara de salvarnos.

Y mientras las llamas de la guerra se alzaban en Irak, era incendiada la antigua biblioteca de Bagdad. Allí, entre esos dos grandes ríos, el Tigris y el Éufrates, considerados por muchos como la cuna de la escritura, mis páginas ennegrecidas volaron al viento.

Dondequiera que esté el libro, encontrarán la sombra del fuego. Cuando pienso en esos actos, y aunque estoy hecho de palabras, de repente me quedo sin ellas. En momentos como éstos, encuentro un poema que lo expresa mejor.

Las palabras de Bertolt Brecht me recuerdan que la memoria, como la verdad, siempre encontrará un testigo. En algún lugar,

## La quema de los libros

Cuando el régimen ordenó que los libros con conocimientos dañinos

fueran quemados públicamente, y en todas partes

se obligó a que los bueyes jalaran carretas con libros

a la pira, un poeta vetado,

uno de los mejores, revisando la lista de los quemados, descubrió,

para horror suyo, que sus libros

se les habían olvidado. Se precipitó a su escritorio,

impulsado por la rabia, y escribió una carta a los que iban a tomar el poder.

¡Quémenme!, escribió, con la pluma volando, ¡quémenme!

No me hagan esto. ¡No me excluyan! ¿Acaso no he dicho siempre

la verdad en mis libros? Y ahora

soy tratado por ustedes como un mentiroso.

Se los ordeno:

¡Quémenme!

### BERTOLT BRECHT (1898-1956)
Poeta y dramaturgo alemán

en alguna mazmorra de un dictador, aunque sin acceso a papel o incluso a un lápiz, la mano de alguien tallará sus pensamientos en una rebanada de pan o en una barra de jabón.

Y desde los espacios vacíos, en lugares sin alma, floreceré como Libro, esparciendo mis semillas por los anaqueles de la imaginación.

El papel se quema,

pero las palabras

levantan el vuelo.

**AKIBA BEN JOSEPH** (*ca.* 50-135 d. de C.)
Rabino palestino

# Yo, Libro Electrónico

## ¿Mis páginas
### son una huella del pasado?

¿Permaneceré en el anaquel acumulando polvo? ¿Yo, Libro, estoy a punto de convertirme para siempre en Libro Electrónico? Déjenme contestar empezando por el principio.

¿Ustedes creen en la evolución? Tal vez sí o tal vez no. Y cuando dicen "libro electrónico" se refieren al *e-book*, ¿cierto? Pues cuando pienso en el libro electrónico pienso en un libro evolucionado. Ya saben, si Darwin aún viviera, en este momento estaría elaborando toda mi genealogía y dándole a mi ascendencia y descendencia toda clase de nombres raros como *librus papyrus, librus de bolsillus* y, ahora, *librus electronicus.*

No necesito que Darwin me diga que mi arrugable piel está mutando y transformándose en una pantalla. Pero esto le da un nuevo giro al proceso de la selección natural, ¿no creen?

Ahora ustedes pueden bajarme o subirme a la red, leerme en unas cosas llamadas iPad o Kindle, *googlearme,* e incluso *bloguearme.* Esto hace que la mente se *en-red-e,* ¿no?

¿Cómo saldré adelante en este ambiente digital? Bueno, ustedes ya saben quien soy: un superviviente. He presenciado incontables quemas de libros insensatas, ¿en verdad creen que el ciberespacio me asusta?

Creo que la forma en que veo las cosas es muy filosófica.

Cuando estaba hecho de papiro,
¿no era **vegetal?**


Cuando estaba hecho de marfil,
¿no era **mineral?**


Cuando estaba hecho de piel de oveja,
¿no era **animal?**


Creo que ustedes podrían llamarme
**elemental.**


Y ahora me presento como **digital.**

El otro día me tocó estar en una mesa junto a un joven libro electrónico. Fue uno de esos encuentros inesperados, ya saben cómo son los jóvenes. Ahí estaba él dando de saltos, desplazando sus textos hacia arriba y hacia abajo por la pantalla parpadeante, presumiendo su hipertexto.

Así que le dije: "Más vale que no te pongas demasiado 'híper', o se te bajará la pila y te apagarás. ¿No crees?".

Eso no le hizo mucha gracia.

Y, no me malinterpreten, tengo muchos amigos que son libros electrónicos. Me han dicho que están salvando los bosques tropicales al ahorrar papel, y eso es indiscutible. También me explicaron que a los lectores con ciertas discapacidades físicas les resulta más fácil tocar un botón del menú que hojear mis páginas. Éstos son buenos argumentos a su favor. Hay mucho que decir al respecto y puedo ver a dónde quieren llegar.

Pero tenía que hablar por mí mismo. No está muy bien que sólo hable el Libro Electrónico, ¿no les parece? Así que para mostrar que estoy acostumbrado al cambio, te cuento que desde el invento de Louis Braille para ayudar a los ciegos a leer, he visto mis páginas sembradas con pequeños puntos con relieve que hacen posible que millones de personas ciegas me lean.

"A mí no me hablen de cambios", le dije al Libro Electrónico. "Puedo decirte un par de cosas acerca de ese tema. ¿Acaso no he sido testigo de él durante siglos? Desde el nacimiento del alfabeto hasta la escritura a mano con una cuña o un punzón, luego con

*Braille es conocimiento*
*y conocimiento es poder.*

**LOUIS BRAILLE** (1809-1852)

Nació en Francia. Una aguja de tejer
lo dejó ciego a los tres años de edad,
pero él siguió adelante hasta crear, a los
diecisiete años, un sistema de lectura
mediante puntos con relieve.

una pluma de ave, y todo el trayecto previo al gran salto hacia la imprenta.

"Y mucho antes de tu época, me escribían con algo llamado máquina de escribir. Entonces no eras ni un pixel en una pantalla parpadeante. Los escritores pensaban que las máquinas de escribir eran lo máximo y les encantaba escuchar cuando sus palabras

### bailaban tap

sobre la página en blanco".

Ahora proclamaré —hasta que me priven de ello— que fui la primera persona en el mundo que utilizó la máquina de escribir para la literatura...

Esa primera máquina estaba llena de caprichos... algunos diabólicos.

**MARK TWAIN** (1835-1910)
Escritor estadounidense.
Su novela *Tom Sawyer* fue escrita en
una máquina de escribir Remington.

De repente, de la nada, solté abruptamente: "Qué importa. Yo huelo mejor que tú". El Libro Electrónico me miró perplejo y dijo: "¿Oler? ¿Qué significa exactamente oler? ¿Los libros huelen?".

"¿En qué planeta vives, Libro Electrónico?", le dije. "Claro que los libros huelen. ¿Nunca has oído la expresión: tener la nariz metida en un libro?".

---

¿Sabían que los libros huelen a nuez moscada o a alguna especia de un país extranjero? De niño me encantaba olerlos.

RAY BRADBURY (1938-2012)
Escritor estadounidense

---

Y le hablé al Libro Electrónico de la época romana, cuando mi vitela olía a azafrán; y de la época victoriana, cuando mi papel olía a lavanda prensada y a pétalos de rosa.

Me apresuré a señalar que no todos los libros huelen igual, desde luego; pero una nariz bien entrenada, como la de un buen catador de vino, puede detectar entre las páginas un toque de pulpa de madera bien madura con un poco de vainilla, como si el bosque mismo me sellara con el olor de la sabiduría antigua.

En términos muy claros, le hice saber al Libro Electrónico que mi antiguo olor a moho es un perfume muy apreciado por la nariz de los amantes del libro que rebuscan en las librerías de viejo, en los mercados, en las tiendas de caridad y en otros sitios similares.

Este año, por primera vez compré más libros electrónicos que impresos. Hace algunos años hubiera jurado que esto nunca sucedería. En casa tengo alrededor de quince mil libros impresos, y ahora, de mala gana, debo admitir que los libros que sé que sólo leeré una vez, los compro en formato electrónico. Pero si es un libro al que quiero regresar una y otra vez, entonces gana el impreso.

**MALORIE BLACKMAN** (1962-)
Escritora inglesa ganadora
del premio Children's Laureate

Luego cambié de tema y le dije que era una pena que él no pudiera experimentar la emoción de haber tenido las esquinas dobladas como las orejas de un perrito. Con eso le callé la boca.

Dijo que me apreciaba, pero debía dejarme porque se estaba quedando sin batería. También mencionó algo acerca de que tenía que reiniciarse. No me gustó cómo sonaba eso.

Me pregunto, ¿y qué le pasó al agradable acto de hojear las páginas con el pulgar?

Hasta ahora el Libro Electrónico y yo somos buenos amigos, aunque de repente tenga que recordarle que un códice viejo como yo ha existido desde hace cientos de años, y que no tengo planes inmediatos de extinguirme.

Leer en una pantalla sigue siendo infinitamente inferior a leer en papel. Incluso yo, que tengo estas costosas pantallas, y que me considero a mí mismo una de las primeras personas que vivió la experiencia de estar conectado a la red, cuando se trata de leer más de cuatro o cinco páginas, imprimo el texto; me gusta llevarlo conmigo y hacerle anotaciones. Considero que es muy difícil para la tecnología lograr ese nivel de practicidad.

**BILL GATES** (1955-)
Ex director de Microsoft

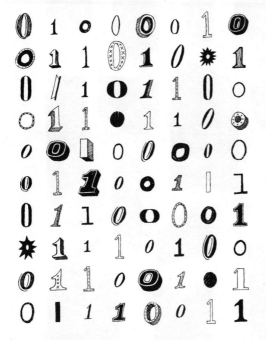

# Yo, Libro,

no podría contarles

la historia de mi vida

sin decirle *gracias*

desde el fondo de mi lomo

a toda la gente que me hace

y se preocupa por mí.

A los

ESCRITORES, por escribirme,

TRADUCTORES, por traducirme,

CORRECTORES, por corregirme,

EDITORES, por editarme

(acertadamente o no),

ILUSTRADORES, por ilustrarme,

DISEÑADORES, por diseñarme,

IMPRESORES, por imprimirme,

ENCUADERNADORES, por encuadernarme,

LIBREROS, por venderme,

LECTORES, por leerme,

BIBLIOTECARIOS, por prestarme,

BIBLIÓFILOS, por coleccionarme.

¿Qué más puedo decir, querido lector? Salvo que estoy aquí para ti.

Ya sabes dónde encontrarme: sólo pregunta por mí, el Libro.

# Fuentes y agradecimientos

Al no ser historiador ni lingüista, tuve que indagar al azar en varios libros y fuentes, tan numerosos que no me es posible nombrar todos. Pero quiero mencionar los siguientes:

Allen, Agnes. *The Story of the Book* [La historia del libro]. London: Faber and Faber, 1952.

Darnton, Robert. *Las razones del libro. Futuro, presente y pasado.* Madrid: Trama Editorial, 2010.

Fadiman, Anne. *Exlibris. Confesiones de una lectora.* Barcelona: Alba Editorial, 2000.

Healey, Dennis. *My Secret Planet* [Mi planeta secreto]. London: Penguin Books, 1994.

Ilin, M. *Historia de los libros. Negro sobre blanco.* La Plata: Editorial Calomino, 1945.

Manguel, Alberto. *Una historia de la lectura.* Madrid: Alianza Editorial, 1998.

Petroski, Henry. *Mundo libro.* Buenos Aires: Edhasa, 2003.

Mi gratitud también para los poetas Bertolt Brecht y Emily Dickinson por el uso de sus poemas para contar la historia del libro, y a Tom Eileenberg por su entusiasta investigación.

El autor y los editores reconocen con gratitud el permiso para reproducir y utilizar el texto de Malorie Blackman tal como se publicó en la revista *The Author* (El autor), en el otoño de 2011.

La cita de las páginas 118 y 119 es de la autoría de Bertolt Brecht (1898-1956). En cualquier momento, el titular o propietario de los derechos podrá establecer contacto con la Editorial.

En memoria de

## WENDY BOASE
(1944-1999)

quien apoyó la idea

de *Libro. Una biografía*

desde el principio, hace dos décadas.